쉽고도 어려운 효도

'효도'란 자식이 부모를 진심으로 섬기는 거예요.
옛 어른들은 효도를 사람됨의 중요한 덕목으로 여겼어요.
그래서 부모님을 위한 일이라면 무엇이든 했지요. 자식을
바치기도 하고, 지렁이국을 끓이기도 하고, 딸들이 저마다
아버지의 바지를 줄여 반바지를 만드는 우스꽝스러운 일을
벌이기도 하지요. 게다가 짐승인 호랑이마저 효도를 할 줄 안다고
생각했답니다. 그렇지만 효도를 하는 건 쉽지 않아요. 효자를
따라 해도 부모님이 몰라주기도 하고, 무거운 황소를 지붕
위로 끌어올리기도 해야 하거든요. 그래도 칭찬을 들으면
효도하는 것이 즐거워져요. 가장 쉽고 좋은 효도는
부모님을 이해하고 편안하게 해 드리는 거예요.
이 책을 읽고, 앞으로 부모님께 어떻게
효도를 할지 생각해 봐요.

추천 감수 권치순

서울대학교에서 과학교육과와 동 대학원을 마치고, 연세대학교에서 박사 학위를 받았습니다. 한국 교육개발원에서 책임연구원(과학교육연구실장)으로 있으면서 우리나라 초·중·고등학교 과학 교육과정과 교과서를 연구·개발하였고, 지금은 서울교육대학교 과학교육과 교수(학과장)로 재직 중입니다. 서울교육대학교 과학영재교육원장을 역임하였고, 2007년 개정 교육과정에 따른 초등학교 3~4학년 차세대 과학 교과서 집필 책임자로 일하고 있습니다. 최근에 지은 책으로 〈창의적 문제 해결력을 키워라〉, 〈탐구 활동을 통한 과학 교수법〉, 〈지구과학 교육론〉, 〈지구과학 교수 학습론〉 등이 있습니다.

추천 감수 김택민

고려대학교 문과대학 사학과를 졸업하였으며, 동 대학원에서 박사 학위를 받았습니다. 현재 고려대학교 사범대학 역사교육과 교수로 재직 중입니다. 위진수당사학회 회장 및 동양사학회 간사를 역임하였으며, 현재는 동양사학회 회장으로 활동하고 있습니다. 지은 책으로 〈3000년 중국 역사의 어두운 그림자〉, 〈중국 토지경제사 연구〉, 〈동양법의 일반 원칙〉, 〈역주당육전 상·중·하〉 등이 있습니다.

글 박신식

서울교육대학교를 졸업했으며, 한국문인협회, 한국아동문학인협회, 계몽아동문학회 회원으로 활동하고 있습니다. MBC 창작동화대상, 아동문예문학상, 계몽사 아동문학상 등을 수상했습니다. 지은 책으로 장편 동화 〈아버지의 눈물〉, 〈등대지기 우리 아빠〉, 〈딸꾹이 1학년〉, 〈내 동생 순이〉, 〈마지막 산양 바우〉, 〈공짜 밥〉 등과 교육서 〈초등학교 1학년 우리 아이 어떻게 지도할까?〉, 동시집 〈풀, 풀이름 짓기〉를 펴냈습니다.

그림 최지경

시각디자인을 전공하였습니다. 한국출판미술협회 회원이며, 현재 프리랜스 일러스트레이터로 활동하고 있습니다. 그린 책으로 〈우리 놀이 우리 문화〉, 〈연오랑 세오녀〉, 〈음악에서 만난 수학〉, 〈탈무드〉, 〈우리 문화 첫발〉 등이 있습니다.

이 책의 표지는 일반 용지보다 1.5배 이상 고가의 고급 용지인 드라이보드지를 사용하여 제작하였습니다. 표지를 드라이보드지로 제작하면 습기의 영향을 덜 받기 때문에 본문 용지가 잘 울지 않고, 모양이 뒤틀리지 않아 책을 오랫동안 보존할 수 있습니다.

이 책은 기존의 석유 잉크 대신 친환경 식물성 원료인 대두유 잉크를 사용하여 인쇄하였습니다. 대두유 잉크는 선진국에서 널리 사용하고 있는 고가의 대체 잉크로, 휘발성이 적어 인쇄 상태의 보존이 용이하고, 인체에 무해할 뿐만 아니라 눈에 부담을 주지 않는 자연스러운 색을 내는 특징이 있습니다.

판도라 교육 동화 19 재미와 감동을 주는 이야기 **하늘을 감동시킨 효자**

발행인 박희철 **발행처** 한국헤밍웨이 **출판신고** 제406-2013-000056호
주소 경기도 성남시 분당구 금곡동 444-148 **대표전화** (031)715-7722 **팩스** (031)786-1001
편집 김양미, 김범현 **디자인** 조수진, 우지영, 성지현, 한지희 **사진제공** 이미지클릭, 중앙포토

전 30권

⚠ 주의 : 본 교재를 던지거나 떨어뜨리면 다칠 우려가 있으니 주의하십시오. 고온 다습한 장소나 직사광선이 닿는 장소에는 보관을 피해 주십시오.

하늘을 감동시킨
효자

글 박신식 | 그림 최지경

교과 연계 국어 3-2 읽기 4. 마음을 전해요 78-81쪽 / 국어 6-2 듣기 말하기 쓰기 7. 즐거운 문학 137쪽

한국헤밍웨이

효자와 산삼

젊은 부부가 늙은 아버지를 모시고
일곱 살 난 아들과 함께 살고 있었어요.
넉넉하지 않은 살림이지만 가족들은 행복하게 지냈어요.
그런데 아버지가 그만 병으로 앓아눕고 말았어요.
부부는 이 약 저 약 구해 드렸지만 소용이 없었어요.
어느 날, 그 집에 스님이 찾아왔어요.
부부는 스님에게 쌀 한 되를 시주했어요.
"고맙습니다. 그런데 두 분 얼굴이 어둡군요.
무슨 걱정거리라도 있는지요?"

6

스님이 묻자, 부부는 아버지의 병환을 이야기했어요.
"허허, 아버님 병환이 나을 방법이 있긴 합니다만,
그게 어려운 일이라서……."
그 순간, 부부는 귀가 솔깃해지며 눈이 반짝거렸어요.
"스님, 어떤 방법인지 가르쳐 주세요. 무슨 일이든 할게요."
"댁의 아들을 삶아서 그 물을 아버님께 드리도록 하세요."
"네, 아들을요?"
부부가 놀라서 서로 얼굴을 마주 보는 순간, 스님이 사라졌어요.

나 잡아 봐라~

한참 생각하던 남편이 어렵게 말을 꺼냈어요.

"여보, 아이는 또 낳을 수 있지만, 아버님은 돌아가시면 뵐 수 없잖소."

아내는 눈물을 흘리며 남편의 뜻에 따르기로 했어요.

부부는 아들에게 저녁을 먹이고 재웠어요.

그리고 잠든 아들을 끓는 물에 넣고 솥뚜껑을 덮었지요.

부부는 서로 부둥켜안고 눈물을 흘렸어요.

한국 민속촌의 '효자문'

이덕규(1850~1900년)는 어려서 아버지를 여의고 어머니를 모시고 살았어요. 그런데 어머니가 병이 들자, 한겨울에 얼음을 깨어 잉어를 잡고, 자신의 허벅지 살점을 도려내어 어머니를 살렸어요. 그래서 임금님은 이덕규의 효행을 기념하려고 많은 사람이 다니는 곳에 효자문을 세우게 했어요.

부부는 아버지께 약을 드리고 밤새 우느라 이튿날 늦잠을 자고 말았어요.

"아버지, 어머니! 그만 주무시고 일어나세요."

부부는 문밖에서 부르는 소리에 후다닥 일어나 문을 열었어요.

그런데 아들이 마당에 서 있는 거예요!

게다가 아버지도 건강한 모습으로 마당을 거닐고 있었지요.

부부가 어리둥절하고 있을 때 스님이 찾아왔어요.

"놀라지 마시오. 아버님을 위한 그대들의 효심이 지극하여

부처님께서 산삼을 보내 주신 것이랍니다."

부부가 솥뚜껑을 열자, 그 안에 커다란 산삼이 들어 있었어요.

부부는 스님에게 절을 하고 또 절을 했답니다.

그 후 부부의 집에 다시 웃음꽃이 활짝 피었답니다.

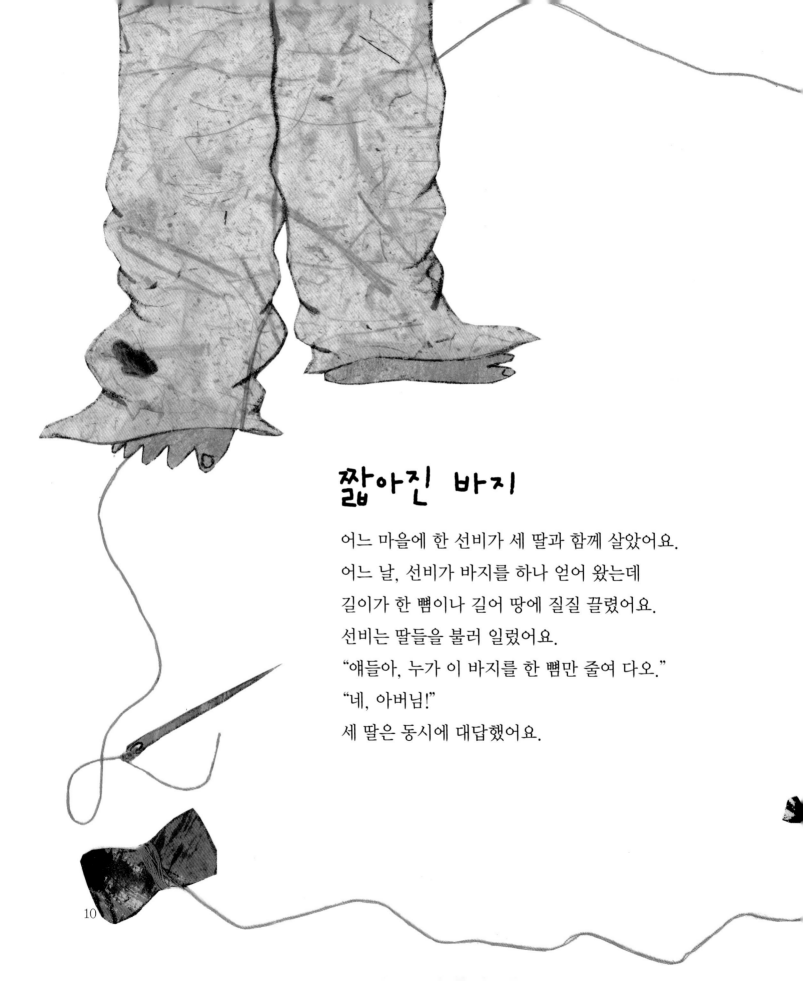

짧아진 바지

어느 마을에 한 선비가 세 딸과 함께 살았어요.
어느 날, 선비가 바지를 하나 얻어 왔는데
길이가 한 뼘이나 길어 땅에 질질 끌렸어요.
선비는 딸들을 불러 일렀어요.
"얘들아, 누가 이 바지를 한 뼘만 줄여 다오."
"네, 아버님!"
세 딸은 동시에 대답했어요.

내가 한 뼘만 줄여 달라고
했는데, 이렇게 짧게 줄였으니
어떻게 입고 나가겠느냐?

다음 날, 선비는 외출을 하려고
어제 얻어 온 바지를 꺼내 입었어요.
그런데 바지가 너무 짧아 무릎이 다 드러났어요.
놀랍기도 하고 화가 나기도 한 선비는
세 딸을 불렀어요.
"이게 어찌 된 일이냐?"
세 딸은 깜짝 놀라 눈이 동그래졌어요.

난 분명히
한 뼘만
줄였는데……

나도.

나도.

11

첫째 딸이 고개를 갸웃하며 말했어요.

"그것 참 이상한 일이네요.

전 어젯밤 늦게 아버님 말씀대로 한 뼘만 줄였는데……."

그러자 둘째 딸이 깜짝 놀라며 말했어요.

"아니, 전 그것도 모르고 오늘 새벽에 그 바지를 한 뼘 줄였으니……."

이번에는 셋째 딸이 얼굴을 붉히며 말했어요.

"죄송해요. 저도 언니들이 줄여 놓은 줄 모르고 또 줄였거든요."

세 딸이 고개를 숙이며 용서를 빌었어요.

그러자 선비가 껄껄 웃었어요.
"아니다, 너희들이 줄여 놓은 이 바지야말로
나에게 딱 맞는구나. 고맙다."
선비는 기쁜 마음으로 짧은 바지를 입고
밖으로 나갔답니다.

"오늘도 고기반찬이 보이지 않는구나."

...휴......

며느리가 끓인 지렁이국

권 서방 부부는 앞 못 보는 늙은 어머니를 모시고 살았어요.

이들은 가난했지만 남의 집 일을 열심히 하며 착하게 살았어요.

어느 날, 세 식구가 저녁을 먹으려고 밥상에 둘러앉았어요.

어머니가 음식 냄새를 맡더니 서운한 듯 말했어요.

"오늘은 고기가 없나 보구나."

어머니는 고기반찬이 없으면 식사를 하지 않았어요.

"어머니, 덫에 잡힌 게 없었어요. 내일은 낚시를 해 볼까 해요."

권 서방이 죄송하다며 머리를 조아렸어요.

14

여름부터 비가 내리지 않아 가뭄이 시작되자,
권 서방 부부는 일거리가 줄어들었어요.
그래서 권 서방은 다른 지방에 가서 돈을 벌기로 했지요.
권 서방이 떠난 후 그의 아내는 산에 덫을 놓기도 하고,
물고기를 잡아 보기도 했지만 영 신통치 않았어요.
"요즘 통 고기반찬이 없구나. 아범이 없다고 대접이 소홀해진 것 같아."
어머니의 퉁명스러운 말투에 며느리는 목이 메었어요.
며느리는 겨우 버섯과 우렁이를 구해 상에 올렸지만,
어머니는 시큰둥한 표정이었어요.

배고파~

'내가 좋아하는 생선이 없잖아……'

가뭄이 없는 곳에 가서
일을 해서 돈을 많이
벌어 와야겠어요.

죄송합니다.
꼭 고기반찬을
준비하도록 할게요.

15

어머님께서 앞을 보지 못해 정말 다행이야.

며칠 뒤, 며느리는 버섯을 찾으려고 땅을 파다가
지렁이가 꿈틀거리는 것을 보았어요.
"그래, 바로 이거야."
며느리는 징그러운 생각이 들었지만,
지렁이를 깨끗이 씻어 흙내를 없앤 뒤
정성들여 국을 끓였어요.
어머니는 지렁이국 냄새를 맡고
고기 냄새가 난다며 좋아했어요.
"맛이 좋구나. 게다가 기다란 살만 있어
먹기도 참 편하고. 이게 무슨 고기냐?"

16

"예, 새 고기예요."
며느리는 얼떨결에 거짓말로 둘러댔어요.
그 후로도 며느리는 지렁이를 국을 끓여
어머니에게 드렸어요.
그리고 불에 구워 드리기도 하고,
햇볕에 말려 포를 만들어
심심할 때 먹을 수 있게 했지요.
어머니는 지렁이 음식을 먹은 후 건강이 좋아졌어요.

18

가을이 지나자, 권 서방이 돌아와 어머니에게 큰절을 올렸어요.

"어머니, 얼굴색이 좋아 보이시네요."

"응, 며느리가 고기를 많이 해 줘서 그렇구나. 너도 먹어 보렴."

어머니가 지렁이포를 꺼내자, 며느리는 가슴이 두근거렸어요.

권 서방은 마른 지렁이를 받아 들고 깜짝 놀랐어요.

"여보, 아무리 어머니가 앞을 못 보신다고

지렁이를 고기라고 속여 드시게 했단 말이오?"

며느리는 얼굴이 빨개졌고, 어머니는 화를 냈어요.

"뭐, 지렁이? 그럼 내가 지렁이 고기를 먹었더란 말이냐?

도대체 어떤 며느리가 그런 짓을 하는지 내가 좀 봐야겠다."

어머니가 눈에 불끈 힘을 주자, 눈이 번쩍 뜨였어요.

"아, 보인다, 보여! 내가 눈을 떴어! …… 며느리, 네 덕분이다."

어머니는 며느리를 덥석 안았어요. 권 서방도 목이 메어

아무 말도 못한 채 어머니와 아내의 손을 꼭 잡았답니다.

아니, 어떻게
지렁이를 드시게
했단 말이오?

어머니!
죄송해요, 흑흑!

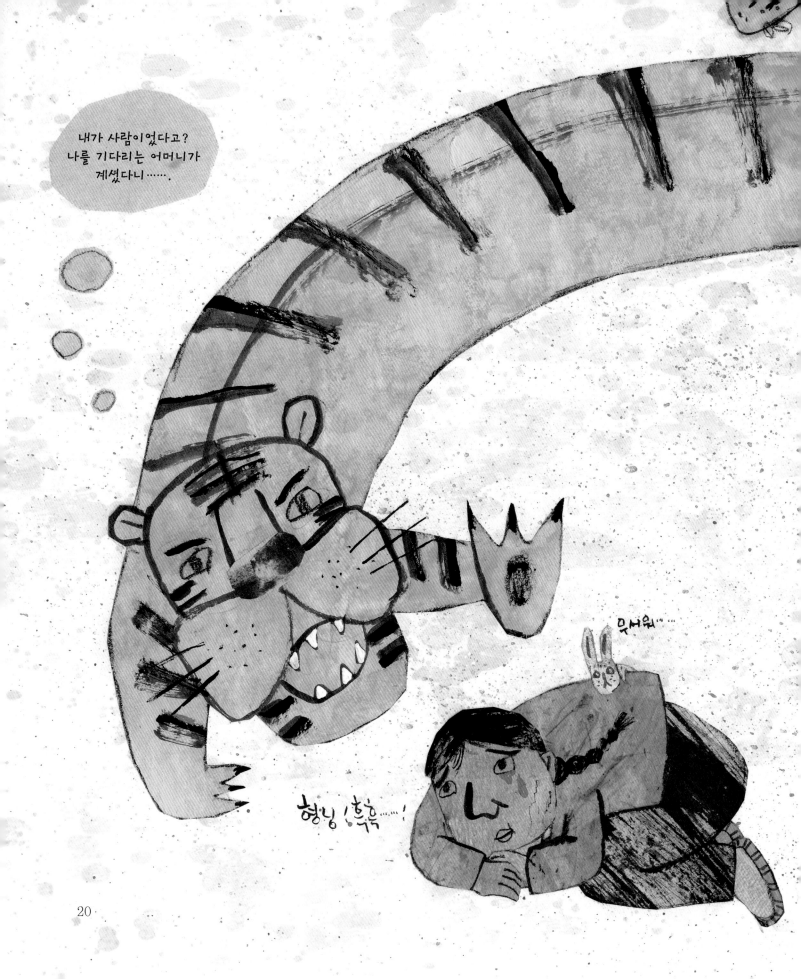

20

효심 깊은 호랑이

나무꾼이 산으로 나무를 하러 갔다가 호랑이를 만났어요.

"어흥! 내가 널 잡아먹어야겠다!"

나무꾼은 화들짝 놀랐지만 정신을 차리고 꾀를 냈어요.

나무꾼은 호랑이 앞에 넙죽 엎드리며 큰 소리로 외쳤어요.

"아이고, 형님!"

그 모습에 호랑이가 고개를 갸웃했어요.

"내가 형님이라고? 내가 어째서 네 형이란 말이냐?"

"형님은 나무를 하러 갔다가 호랑이로 변한 뒤 집에 돌아오지 않으셨어요.

어머님께서 지금도 형님을 기다리며 울고 계신답니다."

호랑이는 나무꾼이 슬피 울며 하는 말에 깜박 속았어요.

"내가 사람이었다고? 나를 기다리는 어머니가 계셨다니……."

"형님, 어서 집으로 돌아갑시다.
형님을 보시면 어머님께서 무척 기뻐하실 거예요."
나무꾼의 말에 호랑이는 고개를 저었어요.
"아니다. 이런 모습을 어찌 어머님께 보이겠느냐?
네가 내 대신 잘 보살펴 드려라. 난 보름마다 한 번씩
멧돼지라도 잡아서 드릴 테니까."
호랑이의 눈에 눈물이 글썽거렸어요.
"예, 제가 꼭 형님 몫까지 효도를 다하겠습니다."
나무꾼은 겨우 목숨을 건져 집으로 돌아왔어요.

어머니,
많이 드시고
건강하세요.

호랑이야,
내가 살자고
거짓말을 해서
미안하고 고맙구나.

다음 날 이른 아침, 마당에서 무슨 소리가 났어요.

나무꾼이 문밖을 내다보니 죽은 멧돼지가 놓여 있었어요.

멀찍이 사라지는 호랑이의 울음소리도 들렸고요.

그제야 나무꾼은 어제 만났던 호랑이의 모습이 떠올랐지요.

그날 이후, 어머니가 돌아가실 때까지 한 달에 두 번씩

호랑이는 그 집 마당에 멧돼지와 사슴, 토끼 따위를 잡아다 놓았답니다.

나무꾼이 목숨을 건지려 한 말을 믿고 호랑이가 효성을 다한 것이지요.

북한산의 '박태성정려비'

조선 시대에 한양의 박태성은 아버지가 돌아가신
후 삼 년 동안 하루도 거르지 않고 묘를 찾아 삼년
상을 치렀어요. 그 모습에 호랑이가 감동해서 매일
박태성을 태우고 집과 묘를 왔다 갔다 했다고 해요.
그래서 사람들이 비를 세워 박태성을 기렸답니다.

23

효도라는 게 별거 아니군. 나도 한 수 있겠어……

간이 잘 맞을까?

효도도 손발이 맞아야지

한 젊은이가 이웃 마을의 효자가 임금님에게 큰 상을 받았다는 소식을 들었어요.
상이 욕심난 젊은이는 효자를 찾아갔어요.
"나도 효자가 되고 싶으니 방법을 알려 주시오."
젊은이는 효자의 집에 머물며 효자의 행동을 눈여겨보았어요.

찬 이불 속에
들어가시게
할 수는 없지.

차가운 옷을 입으시고
차가운 신발을 신으시게
할 수는 없어.

효자는 부모님이 음식을 드시기 전에 먼저 맛을 보고 올렸어요.
간이 잘 맞는지 알아보려 한 거지요.
효자는 저녁에 부모님 방에 불을 때고
이부자리에 먼저 들어가 누웠어요.
이불의 찬 기운을 가시게 하려 한 거지요.
효자는 부모님이 외출하기 전에 먼저
부모님의 옷을 입고 부모님의 신발을 신었어요.
따뜻한 몸으로 옷과 신발의 찬 기운을
가시게 하려고 한 것이지요.
"효도라는 게 별 게 아니군. 나도 할 수 있겠어."
젊은이는 효도를 대수롭지 않게 생각했어요.

25

"예의라고는 눈곱만큼도 없어!"

따뜻한 방에서
주무시게 하고
싶었을 뿐인데……

젊은이는 집으로 돌아와 효자가 한 대로 행동했어요.
먼저 밥상의 생선을 집어 먹으며 간을 보았어요.
그러자 아버지가 벌컥 화를 냈어요.
"아니, 어른보다 먼저 먹다니!
어른이 먼저 숟가락을 든 다음에
아랫사람이 먹는 거야."

먼저 먹으려는 게
아닌데……

26

'어떻게 저런 아들을 낳았는지……'

저녁이 되자, 젊은이는 부모님의 방에 불을 땠어요.
그리고 부모님의 이부자리에 먼저 들어가 누웠지요.
그 모습을 보고 부모님은 또 야단을 쳤어요.
"이제는 우리 방을 차지하려고 하는구나."
젊은이는 부모님이 추울까 봐 불을 더 많이 땠어요.
그러자 이번에도 부모님은 화부터 냈어요.
"나무도 얼마 남지 않았는데 다 때면
나보고 나무를 또 해 오라는 거냐?"
"너는 이 어미가 뜨거운 구들에 데었으면 좋겠느냐?
괘씸한 놈 같으니!"
그래도 젊은이는 참고 부모님을 이해하려고 했어요.
'그동안 내가 불효를 많이 해서 그럴 거야.'

방을 차지하려는 게
아닌데…….

27

옷과 신발을
빼앗으려는 게
아닌데……

다음 날, 아버지가 이웃 마을에 가게 되었어요.
그런데 젊은이가 아버지의 옷을 입고 방 안을
서성거렸어요. 그 모습을 보고 아버지가 소리쳤어요.
"이제는 아비의 옷까지 빼앗아 입으려 하는구나."
그래도 젊은이는 실망하지 않고
이번에는 아버지의 신발을 신었어요.
"아니, 저놈이! 이젠 아예 신발까지
빼앗으려 하는구나."
아버지가 또 버럭 화를 냈어요.

"아니
저놈이!
또……"

김만중과 〈구운몽〉

조선 시대 문신인 김만중(1637-1692년)은 아버지
가 일찍 돌아가셔서 아버지의 얼굴을 모른 채 어머
니의 손에 자랐어요. 그래서 어려서부터 어머니에
대한 효성이 지극했지요. 김만중은 어머니를 위로
하려고 〈구운몽〉이라는 이야기를 지어 드렸답니다.

아드님께서는 효도를 하려고
그랬던 것입니다.

속이 상한 젊은이는 더는 참을 수 없어 이렇게 말했어요.
"모처럼 효도를 하려는데 손발이 맞아야죠.
효도하는 것도 알아주지 않고……."
그 소식을 들은 효자가 젊은이의 집을 찾아왔어요.
그리고 젊은이의 부모님께 그동안 있었던 일을 이야기했어요.
그제야 젊은이의 부모님은 젊은이의 마음을 이해했어요.
그 뒤 젊은이는 상을 욕심내지 않고
더욱더 열심히 효도하며 행복하게 살았답니다.

우리는 그것도 모르고……

아들아 미안하구나……

우리 아들은
내 말이라면
무엇이든 하는
효자라네……

지붕 위로 황소 끌어올리기

최 영감과 박 영감이 서로 아들 자랑을 했어요.
"우리 아들은 광대로 분장해 북 치고
나팔을 불어 즐겁게 해 준다네."
"우리 아들은 내 말이라면 죽는 시늉도 하지."
"우리 아들은 내가 먹고 싶다면
추운 겨울에도 딸기를 가져온다네."
"우리 아들은 내가 먹고 싶다면
한여름에도 얼음을 가져오지."

우리 아들도
내 말이라면
무엇이든 하는
효자라네……

"우리 아들은 젓가락으로 국수를 만들어
오라면 젓가락을 삶아 온다네, 허허."
"우리 아들은 팥으로 메주를 만들라고
해도 만들어 오지, 하하."
두 영감은 아들 자랑에 열을 올렸어요.
"우리 아들이 자네 아들보다 더 효자네."
"아니, 우리 아들이 더 효자라니까."
"그럼 시험을 해서 누가 더 효자인지 알아보자고."
두 노인은 결국 누구 아들이 더 효자인지
시험해 보기로 했어요.

두 사람은 먼저 최 영감의 집으로
가서 아들을 불렀어요.
"얘야, 지붕에 사다리를 걸쳐 놓아라."
최 영감의 말에 아들은 말없이
사다리를 걸쳐 놓았어요.
"이번에는 외양간에 있는 황소를 끌고 와
저 지붕 위로 끌어올려라."
그러자 최 영감의 아들이
고개를 갸웃거렸어요.
"아버님, 어떻게 황소를 지붕 위로
끌어올린단 말입니까?"
최 영감의 얼굴이 벌겋게 달아오르자,
박 영감이 배시시 웃었어요.

어떻게
황소를 지붕으로
올리지?

32

다음에는 박 영감의 집으로 가서
아들을 불렀어요.
"얘야, 지붕에 사다리를 걸쳐 놓아라."
박 영감의 아들도 말없이 사다리를
걸쳐 놓았어요.
"이번에는 외양간에 있는 황소를 끌고 와
저 지붕 위로 끌어올려라."
박 영감의 아들은 고개를 갸웃거리면서도
황소를 끌고 나왔어요. 그리고 지붕 위로
끌어올리려고 황소 뿔을 잡아당기고
엉덩이를 밀었지요.
그 모습을 본 최 영감이
고개를 끄덕이며 말했어요.
"자네 아들이 더 효자일세."
박 영감은 껄껄 웃었답니다.

칭찬이 효자를 만든다

어느 부부가 나이가 들어서 아들을 낳았어요.
부부는 하나밖에 없는 아들이 사랑스러워
바라는 것은 다 해 주고, 야단도 치지 않았어요.
그러다 보니 버릇없이 자라 부모에게 못되게 굴었지요.
아버지가 돌아가시고, 아들은 마음씨 착한 여자와
결혼을 했는데도 못된 버릇은 여전했어요.
며느리는 시어머니를 정성으로 모셨지만
아들은 노름을 일삼으며 식구들을 돌보지 않았어요.

"감을 팔아 노름으로 돈을 불릴 거야."

감마저 노름으로 날리기 전에 덜 익은 감이라도 따서 어머님께 드릴 거예요.

어느 날, 아들은 부인이 마당에 있는 감나무에서
덜 익은 감을 따는 것을 보고 말했어요.
"왜 익지도 않은 감을 따는 거요?"
"먹을 것이 떨어져 어머님이 굶고 계셔서……."
"감이 익으면 그걸 판 돈으로 돈을 불릴 테니 따지 마시오."
그런데도 부인은 여전히 감을 더 땄어요.
"아니, 감을 몽땅 따면 팔 게 없잖소.
그러느니 차라리 베어 버리는 게 낫겠소."
화가 난 아들은 감나무를 베어 버렸어요.

고을 원님이 그 이야기를 듣고 한 가지 꾀를 냈어요.
원님은 못된 아들을 불러 맛있는 음식을 대접했어요.
"자네가 감나무를 베어 가면서 높은 데 달린 감을 따서
어머님께 드렸다고 하던데, 대단한 효자일세.
어머님께 드릴 음식은 따로 챙겨 놓았으니 많이 먹게."
원님의 말에 가슴이 뜨끔한 아들은 돌 씹는 기분으로 음식을 먹었어요.
아들이 음식을 다 먹자, 원님이 부하들을 불렀어요.
"동네 사람들이 이 효자의 효성을 본받을 수 있게
이 효자를 가마에 태워 마을을 한 바퀴 돌게 하라."
못된 아들은 얼굴이 빨개졌어요.

이거 도무지
밥이 목구멍으로
넘어가지 않는군.

"자네가 효자라고
소문이 자자
하더군."

"괜찮느냐……"

어머니,
다시는 걱정
끼치지
않을게요.

흑흑흑……

한편, 어머니는 아들이 걱정되어 불편한 몸을 이끌고
집 밖을 서성거렸어요. 그러다가 가마를 타고 오는
아들을 보고 반갑게 달려갔어요.
"어머니, 왜 밖에 나오셨어요?"
"네가 걱정되어서……."
아들은 무릎을 꿇으며 눈물을 흘렸어요.
"어머니, 제가 잘못했습니다."
그 후, 이 아들은 자신의 잘못을 깨닫고
어머니를 정성으로 모시는 효자가 되었답니다.

아버지의 상자

어느 마을에 홀로 사는 가난한 노인이 있었어요.
노인은 결혼한 아들을 셋이나 두고 있었지요.
하지만 자기들 살기에 바빠 아무도 찾아오지 않았어요.
'내가 가진 것이 없어서 그런 거야.'
노인은 꾀를 내어 커다란 나무 상자를 만들고,
그 속에 깨진 유리 조각을 가득 넣었어요.
그리고 자물쇠를 달아 안방 구석에 놓았지요.

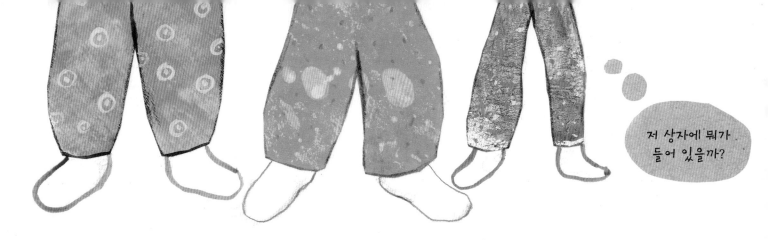

노인의 생일날, 세 아들이 아버지를 찾아왔어요.
세 아들은 방에 있는 나무 상자를 보고 고개를 갸웃거렸어요.
"아버지, 저게 무슨 상자예요? 무엇이 들어 있지요?"
"아무것도 아니다."
세 아들이 물어도 아버지는 별거 아니라는 듯 두 손을 내저었어요.
그럴수록 세 아들은 상자에 무엇이 들어 있는지 더 궁금했어요.

세 아들은 아버지가 없는 사이에
상자를 밀어 보고 흔들어도 보았어요.
"뭔가 잔뜩 들어 있어."
"달그락거리는 게 동전 소리 같은데……."
"어쩌면 평생 모은 금화가 가득 찬 게 아닐까?"
"그렇다면 이 상자를 도둑맞지 않게 잘 지켜야 하잖아?"
세 아들은 상자를 잘 지키기로 약속했어요.
그래서 아버지가 돌아가실 때까지 번갈아 가며
아버지를 모시고 함께 살았어요.

아버지가 돌아가신 뒤, 세 아들은 열쇠를 찾아 상자를 열었어요.

그러나 상자 안에는 깨진 유리 조각뿐이었지요.

"우리를 감쪽같이 속이시다니, 아버지도 너무하셨어."

"왜 그러셨을까?"

"이 상자가 없었더라면 누가 아버지를 모셨겠어?"

"그래, 우리가 잘못한 거야."

그제야 세 아들은 잘못을 뉘우치고 눈물을 흘렸답니다.

"아버지 그동안 저희들이 잘못했습니다."

41

효도에 관한 속담과 명언

예로부터 우리 조상들은 효도를 무척 중요하게 여겼어요. '효는 만행의 근본'이라 하여 효도를 모든 행동의 바탕으로 삼았으니까요. 그런 조상들의 마음은 속담이나 명언을 통해 지금까지 전해 내려오고 있어요. 효도에 관한 속담과 명언을 살펴보며 효도에 대해 다시 한 번 생각해 보기로 해요.

⭐ 효도에 관한 속담

* 굽은 나무가 선산을 지킨다.
- 자손이 가난해지면 선산의 나무까지 팔아 버리나 줄기가 굽어 쓸모없는 것은 그대로 남는다는 뜻으로, 쓸모없어 보이는 것이 도리어 제구실을 하게 됨을 빗대어 이르는 말이에요.

* 효자가 악처만 못하다.
- 아무리 못된 아내라도 효자보다 낫다는 뜻으로, 세상을 살아 감에 있어 남자에게 자식보다 아내가 더 중요하다는 말이에요.

* 부모 속에는 부처가 들어 있고, 자식 속에는 앙칼이 들어 있다.
- 부모는 자식을 무조건 사랑하나, 자식은 그렇게 되기가 어렵다는 뜻이에요.

* 부모가 온 효자가 되어야 자식이 반 효자 된다.
- '부모가 착해야 효자가 난다.'는 속담과 비슷한 말로, 자식은 부모가 효도하는 것을 보고 따라 배운다는 뜻이에요.

* 얼러 키운 효자 없다.
- 자식을 얼러서 키우면 버릇이 없어져 불효자가 되기 쉽다는 뜻이에요.

* 자식을 길러 보아야 부모의 공을 안다.
- 부모의 입장이 되어 보아야 비로소 부모님의 사랑을 헤아릴 수 있다는 뜻이에요.

* 한 아버지는 열 아들을 기를 수 있으나 열 아들은 한 아버지를 모시기 어렵다.
– 효도하는 것이 자식을 키우는 것보다 더 어렵다는 뜻이에요.
* 자식 겉 낳지 속은 못 낳는다.
– 자식이라 할지라도 그 마음속까지 알 수 없다는 뜻이에요.
* 효성이 지극하면 돌 위에 풀이 난다.
– 어버이에 대한 효성이 지극하면 기적도 일어난다는 뜻이에요.

⭐ 효도에 관한 명언

* 부모 앞에서는 결코 늙었다는 말을 해서는 안 된다. (소학)
* 부모를 공경하는 효도는 쉬우나 부모를 사랑하는 효도는 어렵다. (장자)
* 부모를 사랑하는 사람은 남을 미워하지 않아 미움을 받지 않으며, 부모를 공경하는 사람은 남을 얕보지 않아 업신여김을 받지 않는다. (불경)
* 부모의 연세는 꼭 알고 있어야 한다. 한편으로는 기뻐해야 하고 한편으로는 늙어 돌아가실까 걱정해야 하기 때문이다. (논어)
* 사람의 몸뚱이와 머리털과 피부는 모두 부모에게서 받은 것이다. 이것을 상하지 않게 하는 것이 효도의 시작이며, 뒷세상에 드날려서 부모를 빛나게 하는 것은 효도의 끝이다. (효경)

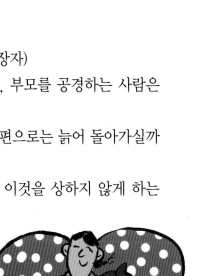

* 나무가 고요하고자 하나 바람이 멈추지 않고, 자식이 효도하고자 하나 어버이가 기다리지 않는다. (한시외전)
* 자식이 효도하면 어버이는 즐겁고, 집안이 화목하면 모든 일이 뜻대로 이루어진다. (명심보감)
* 천하의 물건 중에 내 몸보다 더 소중한 것이 없다. 그런데 이 몸은 부모님이 주신 것이다. (이이)
* 효자는 어버이를 섬길 때 즐겁게 모시고, 병이 들면 걱정을 하며, 돌아가시면 슬퍼하고, 제사를 지낼 때는 엄숙해야 한다. (공자)

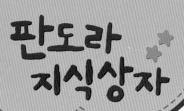

생활 속에서 실천하는 1일 1효도 쿠폰

여러분은 평소에 부모님께 어떤 방법으로 효도를 하나요? 부모님께 가장 큰 효도는 부모님 말씀을 잘 듣는 거예요. '부모님 말씀을 잘 들으면 자다가도 떡이 생긴다.'는 속담도 있잖아요. 아래 쿠폰을 복사해서 부모님께 드리고 하루에 한 가지씩 부모님이 원하는 쿠폰대로 따르는 것은 어떨까요? 그러면 여러분에게도 좋은 일이 생길 거예요.

꿈나라 쿠폰
지금 당장 이불 속에 들어가 꿈나라로 가겠습니다.

노래 쿠폰
꾀꼬리 같은 목소리로 예쁜 노래를 불러 드리겠습니다.

독서 쿠폰
한 시간 동안 조용히 책을 읽겠습니다.

목욕하기 쿠폰
혼자서 깨끗이 목욕을 하겠습니다.

뽀뽀 쿠폰
사랑이 듬뿍 담긴 뽀뽀를 해 드리겠습니다.

흰머리 쿠폰
흰머리 열 개를 무료로 뽑아 드리겠습니다.

설거지 쿠폰
그릇이 윤이 나도록 깨끗이 설거지를 해 드리겠습니다.

심부름 쿠폰
어떤 심부름이든지 즐겁게 해 드리겠습니다.

목욕탕 쿠폰
부모님과 함께 목욕탕에 가서 등을 밀어 드리겠습니다.

저축 쿠폰
지금 생긴 용돈을 당장 저축하겠습니다.

식사돕기 쿠폰
엄마가 밥상 차리는 걸 즐겁게 도와드리겠습니다.

숙제 쿠폰
지금 당장 숙제를 시작해서 끝내겠습니다.

소원 성취 쿠폰
아무 조건 없이 소원 한 가지를 들어드리겠습니다.

청소 쿠폰
집 안이 반짝반짝해지도록 깨끗이 청소하겠습니다.

운동 쿠폰
한 시간 동안 건강에 도움이 되는 운동을 하겠습니다.

일어나기 쿠폰
아침 일찍 일어나서 스스로 학교에 갈 준비를 하겠습니다.

이닦기 쿠폰
밥을 먹고 난 뒤 바로 이를 닦겠습니다.

편지 쿠폰
부모님께 사랑의 편지를 써 드리겠습니다.

이야기 쿠폰
오늘 밖에서 있었던 일을 이야기해 드리겠습니다.

텔레비전 쿠폰
텔레비전을 끄고 오늘은 텔레비전을 안 보겠습니다.

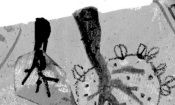